Ryôkan Taigu

Ich spiele auf dem Buddha-Weg

Gedichte

Angkor Verlag

„Ein Mönch würde eher unter Tiger-Müttern wandern, als den Pfad von Ruhm und Reichtum zu betreten."

Ich spiele auf dem Buddha-Weg./Ryôkan, Taigu. Deutsch von Tarô Yamada und Guido Keller. – Frankfurt: Angkor Verlag, 2015.

Cover-Abbildungen: [vorn] Ryôkan in seiner Einsiedelei/Tsukioka Yoshitoshi (1839-1892)
[hinten] Kalligrafie von Ryôkan, frühes 19. Jhd.

Lektorat: Susanne König

Website des Verlages: www.angkor-verlag.de

Herstellung: Books on Demand GmbH

ISBN: 978-3-936018-24-0
E-Book: 978-3-943839-19-7

Inhalt

Vorwort

Ryôkan Taigu (1758–1831) war ein Mönch der Sôtô-Schule des Zen. Er rauchte und trank Alkohol, lebte eine lange Zeit als Eremit und ernährte sich von dem, was Natur und Bettelgänge hergaben. Bekannt ist er für sein selbstvergessenes Spiel mit Kindern, vor allem aber für seine Kalligrafien, die sich am abstrakt-kursiven „Gras-Stil" orientierten und von Huai-su (725–785), Ono no Tôfû (896–966) und Fujiwara Sukemasa (944–988) beeinflusst sein sollen. Häufig wurde Ryôkan um solche Kalligrafien gebeten, und zuweilen soll er geantwortet haben: „Sobald ich genug Übung darin habe, schreibe ich etwas für dich." Tatsächlich entstanden viele seiner Gedichte aus der Erinnerung, weshalb oft verschiedene Versionen davon existieren.

Ryôkans Leben war von Armut gekennzeichnet. In einer Hütte bewahrte er neben dem Herd einen Topf mit Soja-Extrakt auf, in den er regelmäßig Essensreste gab. Später nahm er nicht nur selbst von dem Mix, sondern bot ihn sogar Gästen an, die aber angewidert ablehnten. Trotz einer gelegentlichen Schnoddrigkeit scheint wiederholt Ryôkans fürsorglicher Charakter durch: „Wären meine von dieser schwarzen Robe bedeckten Arme nur lang genug, wie gern würde ich allen Menschen dieser vergänglichen Welt Zuflucht bieten!" schrieb er, und riet in einem seiner buddhistisch-instruktiven Texte: „Für die

Niederträchtigen, die Unredlichen, die Bösartigen, die Dummen, die Begriffsstutzigen, die Missgestalteten, die chronisch Kranken, die Einsamen, die Unglücklichen und die Behinderten entwickle sogleich Sympathie und Mitempfinden." In persönlichen Begegnungen mit Freunden enthielt sich Ryôkan jedoch nicht nur dem Auslegen der Schriften, sondern auch moralischen Ratschlägen.

Zwar sind Ryôkans Verse in erster Linie Naturbetrachtungen und buddhistischen Metaphern gewidmet: „Wer unter den Mondschauern heute Nacht wird den Hauptpreis gewinnen? Wer wird den reinsten Mond im See seines Geistes spiegeln?" Oder: „Sachte mein Kissen streichelnd, denke ich jenseits von Zeit und Raum." Die Vergänglichkeit beim Besuch von Friedhöfen mit unlesbar gewordenen Grabsteinen oder beim Verlust von Freunden wird auf melancholisch-nostalgische Weise thematisiert. Gelegentlich münden die Verse (wie auch die Listen gegen Ende dieses Buches) in Gesellschaftskritik: „Nur zu, säe den Samen! Es gibt nicht ein Dorf, wo keine Blumen wachsen. Der Gedanke, von niederer Herkunft zu sein, entsteht bloß im Kopf der Leute." Weniger bekannt sind Zeilen, in denen der als unbekümmert geltende Ryôkan Selbstzweifel hegte und sich zu seinen Ängsten bekannte: „Als ich das sah, verdrehten hundert Gedanken mir die Brauen, und eine Furcht, die tausendmal stärker war, ließ mir das Mark gefrieren. Ich tastete nach einem Rückzugsweg, konnte ihn aber nirgendwo finden. Wie das Jahr an seinem Ende, stand ich verloren da, auf mich selbst verwiesen.“

Wir wollen mit dieser Übersetzung einen Schwerpunkt auf die chinesischen Verse Ryôkans setzen, die sich wie stimmungsvolle literarische Miniaturen aus seinem Einsiedlerleben lesen. Ab Vers 104 zeigt Ryôkan sich darin auch als buddhistischer Lehrer. Die japanischen Haiku sind knapp und eher wörtlich wiedergegeben.

Zur weiteren Lektüre empfehlen wir die englischsprachigen Werke von Noboyuki Yuasa: *The Zen Poems of Ryôkan* (Princeton 1981) sowie Peter Haskell & Ryuichi Abe: *Great Fool* (Hawaii 1996).

Die runzligen Bauernsöhne T. Y., G. K. *Januar 2015*

Für Ryôkan, den Meister der Mönchsklause

Ryôkans Meister Tainin Kokusen (1722–1791) bestätigte offenbar mit dem folgenden Gedicht – und der Übergabe eines zeremoniellen Holzstabes – im Jahre 1779 dessen Erleuchtung. Das Gedicht blieb stets in Ryôkans Besitz und ist noch heute erhalten.

Ryôkan!
Schön, dass du wie ein Narr bist,
denn dann ist dein Weg unermesslich.
Frei und leicht den Dingen ihren Lauf lassen –
wer könnte das begreifen?
Darum vermache ich dir diesen Stab aus wilder Glyzinie.
Wann immer du ihn gegen eine Wand lehnst,
möge er dir den Frieden eines Mittagsschlummers bringen.

Chinesische Verse

1

Den ganzen Tag bettelte ich auf den Straßen.
Meine Schritte brachten mich zu einem Dorfschrein.
Kinder umkreisen mich und tuscheln miteinander:
Der närrische Priester vom letzten Jahr ist wieder da, um zu spielen!

2

Mein Wanderrock ist kurz, doch mein heiliger Umhang lang.
Verzückt mühe ich mich bis auf die Knochen.
Kinder halten an, um mir laut zu singen:
Eine Flummi-Ballade, zu der sie vor Freude in die Hände klatschen.

3

Einst forderte ich Kinder zu einem Graskampf heraus.
Ich besiegte sie eines nach dem anderen.
Als die Abenddämmerung anbrach, war ich allein.
Am wolkenlosen Herbsthimmel stieg ein vollkommener Mond auf.

4

Das Haar über meinen Ohren, die man nicht übersehen kann.
Meine Klamotten lösen sich in Einzelteile auf wie zerrissene Wolken.
Halb wach, halb schlafend, trotte ich nach Hause.
Kinder begleiten mich, manche gehen voran, andere folgen.

5

Tag für Tag, egal wie lange es dauert,
empfinde ich Freude beim Spiel mit den Dorfkindern.
In meinen Ärmeln habe ich stets ein paar Hüpfbällchen versteckt.
Da ich sonst nichts kann, schwelge ich in Frühlingslust.

6

Der Seidenball in meiner Ärmeltasche ist so viel wert wie meine Seele.
Sein bester Werfer bin mit Stolz ich selbst.
Sollte jemand meine geheime Kunst infrage stellen,
dann antworte ich: eins zwei drei vier fünf sechs sieben.

7

Den ganzen Tag ziehe ich durch die Straßen und bettle um Essen.
Nachts sitze ich unter einem Felsvorsprung in Meditation.
Ich besitze nichts als einen heiligen Umhang und eine Bettelschale.
Diese Übung schätze ich so wie den sanften Westwind.

8

Auf der Straße bettelnd, wurde ich von einem Sturm überrascht.
Sofort suchte ich Schutz in einem alten Dorfschrein.
Wer mag, lache über meine traurige Bettelschale und meinen Flachmann.
Ich finde mich einstweilen mit dieser Ruine ab.

9

Ein paar Chrysanthemen über sich verdunkelnden Hecken.
Alte Krähen kreisen über stillen Bäumen.
Ferne Hügel und Bergkämme erglühen von der Sonne.
Es ist wohl Zeit für mich, meine Schale zu umarmen und heim zu gehen.

10

Mein lächerlicher Rang, wann kann ich ihn fortwerfen?
Diese bittere Armut aber sollte ich mit ins Grab nehmen.
Nach Einbruch der Dunkelheit, auf dem dreckigen Pfad eines sterbenden Dorfes,
trage ich meine Bettelschale heim, verwittert und leer.

11

Nach einem langen Tag des Bettelns gehe ich nach Hause,
zufrieden mit dem Inhalt meiner Betteltasche.
Doch heiliger Mann, wo liegt denn dein Zuhause, dein Ruhe-Ort?
Irgendwo unter diesen Wolken, das ist alles, was ich weiß.

12

Gefrorener Schnee bedeckt alle Gipfel über meiner Hütte.
Abgeschnitten von anderen Menschen sind die Fußwege ins Tal.
Tag für Tag sitze ich allein vor einer Mauer aus Lehm.
Ab und an höre ich Schneeflocken gegen mein Fenster streichen.

13

Gebeugt unter einem Haufen Feuerholz, gehe ich den Hügel hinab.
Der übliche Grasweg ist zu steil für meine betagten Beine.
Unter einer hohen Kiefer schnappe ich eine Weile nach Atem.
Mit ruhigem Geist höre ich Nachtigallen zwitschern.

14

Auf den Gartenstufen ein fröhliches Chaos aus Kirschblüten.
Das süße Gespräch von Vögeln breitet sich wie ein Teppich aus.
Die Sonne lungert träge an meinem Fenster herum.
Fahler Rauch steigt ungestört von einem Weihrauchbrenner auf.

15

Meist bleibt das Tor zu meiner Hütte unverschlossen.
Selten stören Besucher die tiefe Stille meines Gartens.
Nach dem langen Regen der Aprikosensaison
liegen Myriaden von Eichenblättern auf der bemoosten Erde verstreut.

16

Der Bashô-Baum breitet seine großen Blätter an meinem Fenster aus.
Er wächst so hoch, dass er nun den Himmel streifen kann.
In seinem kühlen Schatten verfasse ich kurze und lange Gedichte,
ohne auch nur für einen Augenblick diesen stillen Platz zu verlassen.

17

Wo kann ich mich vor der Sommerhitze schützen?
Nur hier, in diesem selbstgewählten Exil, dem Schrein von Izuruta,
wo der Zikadenchor Musik in meine Ohren trägt
und die umliegenden Wälder ungefragt frische Luft ausatmen.

18

Meine kleine Hütte ist frei von jeder Bewegung.
Nicht ein einziges menschliches Auge schaut herein.
Gedankenversunken sitze ich allein beim Fenster,
meine Ohren lauschen dem stillen Fallen sich zerstreuender Blätter.

19

Die Spätherbstnacht ist fortgeschritten.
Kalter Tau hat schon meine äußeren Kleider durchdrungen,
Dunkelheit die Mauern meines Gartens unsichtbar gemacht.
Alles, was ich höre, sind Grillen unter sterbendem Gras.

20

An den Ausläufern des Berges Kugami ist mein Zuhause.
Mit einfachem Tee und schlichtem Reis erhalte ich mein Fleisch.
Lange hoffte ich auf einen Besucher mit geschmückten Ohren.
Doch alles, was ich hier zu Gesicht bekomme, sind Feuerholzsammler.

21

Auf dem Gipfel des Berges Kugami schaute ich mich einst um.
Der gefrorene Himmel und die sterbende Sonne standen ganz niedrig.
Am Tag davor hatte ich Nüsse gesammelt und Wasser geholt.
Diese Wälder und dieser Frühling – jetzt, unter dem vernebelten Blau.

22

Ein Dieb machte sich mit meinen Kissen davon.
Wer könnte ihn auch gehindert haben, in meine Hütte einzudringen?
In der Nacht des Diebstahls saß ich an meinem dunklen Fenster.
Vorüberziehende Regenschauer machten hohle Geräusche im Bambusdickicht.

23

Ach, der traurige Zustand dieser Welt und die frostigen Herzen der Menschen!
Wo im Himmel kann ich meinen Frieden finden?
Gestern Nacht hörte man Trommeln aus dem Dorf,
vor einem nahenden Dieb warnten sie und wollten ihn verschrecken.

24

Die ganze Länge einer dunklen Winternacht ist nichts als diese Länge.
Langsam schreitet sie voran, wie ich einst in meinem kalten Bett herausfand.
In der Kerze war kein Leben mehr, im Kohlebecken keine Wärme.
Mit dem Gesicht auf dem Kissen lauschte ich dem nachtlangen Regen.

25

Im Alter kehren Gedanken an meine Jugend wieder,
ich sehe mich oft ein Buch in einer großen Halle lesen.
Die brennende Kerze vor mir wurde schon oft ausgetauscht.
In jenen Tagen wusste ich nichts von der ganzen Länge einer Winternacht.

26

Von Krankheit befallen, liege ich hilflos auf dem Rücken.
Oft hat mein Geist im Traum Orte gesehen, die ich einst besuchte.
Am heutigen Morgen stand ich auf und mühte mich zum Flussufer hin.
Pfirsichblüten trieben endlos in seinem Strom.

27

Diesen Frühling lag ich drei Monate lang krank in meiner einsamen Hütte.
Eines Tages bat ein Besucher mich um eine Kalligrafie.
Ich schloss die Augen und erinnerte mich, wie ich im Jahr zuvor
bis zur Abenddämmerung gedankenlos in einem Dorfschrein spielte.

28

Seit ich mein schwarzes Haar schor
  und die Gelübde eines heiligen Priesters ablegte,
haben mich meine Füße jahrelang durch Gräser und Winde getragen.
Bis heute strecken sie mir überall Pinsel und Papier entgegen,
damit ich zu ihrem Wohle doch Verse schmiede.

29

Welches Schicksal hat mich mit diesem Kalligrafie-Pinsel verbunden?
Gerade hab ich ihn niedergelegt,
  da ergreife ich ihn schon wieder auf Bitten eines Freundes.
Während ich daran scheitere, dieses Mysterium aufzuklären,
  spendet niemand mir Trost
außer dem Unbegrenzten, das Frevel bezähmt und den Himmel überschreitet.

30

Inmitten der stillen Nacht ziehe ich meinen Tuschstein heran.
Mein Gesicht glühend vom Wein, bringe ich den abgenutzten Pinsel zu Papier.
In meinen Gedichten versuche ich Pflaumenblüten
   in ihrer süßen Pracht gleichzukommen:
Kann ich sterbender Stumpf etwa sprießende Knospen wie du erschaffen?

31

Kein Vogel verirrt sich über diese einsamen Gebirgszüge.
In meinem abgelegenen Garten fällt ein Blatt nach dem anderen.
Im Herbstwind, der freudlose Verlassenheit atmet,
steht ein Mann für sich allein, in einen schwarzen Umhang gehüllt.

32

Heute Morgen liegt ein Haufen silbrigen Schnees am Tor des Schreines.
Alle Bäume auf dem heiligen Grund strahlen, als wären sie blumengeschmückt.
Wer mag das sein, denke ich bei mir, dieser Junge da in der Kälte,
der Schneebälle wirft, als würde die Welt nur für ihn existieren.

33

Der große Fluss ist überflutet, der Frühling fast vorbei.
Die flaumigen Blüten der Weiden fallen auf die Ärmel meiner Robe.
Weit entfernt höre ich das Pfeifen eines Fischerboots im Nebel.
Wer wird mir diese grenzenlose Melancholie aus meiner Brust reißen?

34

Wer auch immer meine Verse liest und sie Gedichte nennt,
der begeht einen schweren Irrtum, denn meine Verse sind gar keine.
Wenn du aber verstanden hast,
  dass meine Gedichte diesen Namen nicht verdienen,
dann kann ich mich zu dir setzen und das Geheimnis meiner Kunst besprechen.

35

Von Kräutergeruch gewürgt, geht ein Frühlingstag zu Ende.
Gesprenkelt mit Pfirsichblüten, zieht ein Fluss endlos dahin.
Von Natur aus ist mir die listige Weisheit dieser Welt fremd.
Verzaubert vom Charme des Frühlings, kann ich mich gar nicht mehr einkriegen.

36

Auf den Booten weit entfernter Provinzen geschäftige Matrosen,
einige singen Heimatlieder, andere spielen heitere Instrumente.
Bis auf gestern hielt ich mich stets in der Stille des Bergtempels auf.
Ein Schmetterling schwelgt – wie die Matrosen – in einem Frühlingstraum.

37

Eine Laune des Schicksals brachte mich zu meinem Lehrer.
Nach einer Weile verließ ich seinen Tempel, um meinen eigenen Weg zu gehen.
Frei von Hunger und Krankheit, lebe ich nun zufrieden
als Zeitgenosse alter Weiser und Meister meines Glaubens.

38

Ich verließ meine Familie und mein Zuhause,
  um in weiter Ferne Weisheit zu suchen.
Nur mit einer Robe und einer Schale
  war ich Frühling um Frühling auf Wanderschaft.
Heute bin ich zurückgekehrt, um Freunde von früher zu besuchen.
Doch ach, viele von ihnen schlafen unter bemoosten Steinen
  und sind nur noch Namen!

39

Als Grünschnabel habe ich meinen Vater verlassen
  und bin zu einem Fremden gerannt.
Seither bemühte ich mich, einen Tiger zu malen,
  bekam aber nur eine Katze zustande.
Sollte jemand sich erkundigen, was ich über mich denke, würde ich antworten:
Ich bin genau so wie in meiner Jugend, Eizô ist mein Name.

40

Als Kind studierte ich die Künste und versagte dabei, ein Gelehrter zu werden.
In meiner Jugend studierte ich Zen
und versagte dabei, der Lampe meines Meisters zu folgen.
Nun lebe ich in einer Grashütte, die zu einem Shintô-Schrein gehört.
Ganz ähnlich einem Schreinwächter, oder gar einem Buddha-Propheten.

41

Diese geschäftige Welt ist im Wandel wie windbewegte Wolken.
Meine gut fünfzig Lebensjahre kommen mir wie ein ununterbrochener Traum vor.
Spät nachts, als stille Schauer auf meine Grashütte fallen,
umarme ich mein heiliges Gewand und lehne mich gegen das hohle Fenster.

42

Mehr als sechzig Jahre lang war ich ein leidender Priester.
Meine Hütte liegt neben einem Schrein, abseits der rauchenden Stadt.
Spätnachts schüttet es aus Kübeln und schwemmt sogar große Felsen davon.
Hinter meinem dunklen Fenster flackert das Kerzenlicht im Wind.

43

Nun bin ich älter als siebzig und schaue auf die vergangenen Jahre zurück.
Ich habe das Gute und Schlechte der Menschen kennengelernt,
  bis es mich krank machte.
In dieser Nacht tiefen Schneefalls ist kaum noch eine Menschenspur zu sehen,
nur ein bisschen Rauch vom Stäbchen am Fenster.

44

Der Wind ist still geworden, doch die Blüten fallen.
Vögel singen erfreut, doch Stille beherrscht den Hügel.
Dies ist das Wunder, das durch die Tugend der weisen Kannon gewirkt wurde.
Unergründlich!

45

In meiner Hand halte ich einen Gehstock aus den Hörnern des Wildhasen.
Mein Fleisch wickle ich in einen Stoff aus Fäden der Luft.
An meinen Füßen trage ich Sandalen aus feiner Schildkrötenwolle
und singe mit stummer Stimme Verse, so dass jeder sie hören kann.

46

Ich wollte mich in einer wilden Heide ausruhen,
  meinen Schädel auf ein Graskissen betten,
immer noch verwirrt von den widerlichen Schreien umherirrender Vögel.
Dann erschien mir plötzlich der Unterschied
  zwischen Königen und dem gewöhnlichen Volk
so absurd wie der Traum, den ich in dieser Nacht sah.

47

Freunde, um dir zu helfen, Lehrer, um dich anzuleiten:
Du musst schon mehr als Reichtümer bewahren.
Reichtum und Armut sind kurzlebig wie ein nächtlicher Traum.
Liebende Worte allein können den Duft für ein Jahrhundert versprühen.

48

Buch um Buch kannst du auslegen, um dein Wissen zu steigern.
Es ist jedoch besser, sich an ein Wort der Wahrheit zu halten.
Was ich damit denn meine, werden sich einige fragen.
Es bedeutet, mit deinem Herzen in Einklang zu kommen, wie es wirklich ist.

49 *Auf ein Trunk mit Yoshiyuki, mein größtes Vergnügen*

Selten haben zwei Brüder die Gelegenheit, sich so zu treffen wie wir.
Beide haben wir eine Spur Frost in unseren schlaffen Brauen.
Lass uns dennoch echte Freude an einer friedvollen Welt haben
und Tag um Tag gemeinsam trinken, bis wir uns selbst vergessen.

50 *Gedichte nach der Predigt Ugans im Hause eines Laien in Niigata, während meines Bettelganges*

Herr, Ihr seid wie ein Metzger, der einen Schafskopf raushängt,
um den Verkauf seines Hundefleisches anzukurbeln, das er verborgen hält.
Doch muss ich mich fragen, warum ich euch so aufdringlich verfolgte,
wenn ich in meinem Herzen nicht euren faulen Gestank zu schätzen wusste?

Ich bin als völlig nutzloser Mensch bekannt, als unheilbar faul.
Ich gehe von Ort zu Ort und bettle um Essen.
Endlich habe ich euch mitten im Krach der dicht bevölkerten Stadt gefunden.
Wir haben laut gelacht und unseren Geistesfrieden genossen.

51 *Beim Besuch von Ugans Hütte*

Saichi, mein Freund, ist ein Mensch, der mein aufrichtiges Lob verdient.
Wie schade, dass nur wenige Lebende das Ausmaß seiner Weisheit kennen.
Einmal verfasste er für mich eine Ode zu Ehren Buddhas.
Ich kann sie nicht anschauen,
  ohne meine Ärmel mit heißen Tränen zu durchtränken.

52 *An Saichi*

Um meinen heiligen Lehrer an seinem Sterbebett zu besuchen,
  schloss ich das Tor
und ging viele Meilen mit bloß einer Flasche in meinen alternden Händen.
In großer Entfernung sah ich einen Wasservogel über den Ozean fliegen,
um mich herum glühten die Hügel in den letzten Farben des Herbstes.

53 *Kurz nach dem Tod von Saichi*

An diesem dunklen Nieseltag im gräulichen sechsten Monat,
frage ich mich: Wo bist du hin und hast mich zurückgelassen?
In der Hoffnung, meine Einsamkeit zu kurieren,
  bin ich zu deiner alten Hütte gekommen,
doch auf den grünsten Hügeln machen allein die Kuckucke Krach.

54 *Träume von Saichi*

Zwanzig Jahre nach deinem Tod haben wir uns noch einmal getroffen,
neben einer urigen Brücke, in einer Brise unter vernebeltem Mond.
Hand in Hand gingen wir spazieren und redeten laut,
bis wir ungeplant am Dorfschrein von Yoita angelangten.

55

Das Gedicht, das ich auf meinem Krankenbett verfasste,
  klingt dünner als Grillenzirpen.
Ich verstehe nicht, warum darin so viel Disharmonie herrscht.
Was immer ich auch tue, Dainin ist nicht mehr auf dieser Welt.
Ach, niemand kann nun meine Verse vor düsterer Nörgelei bewahren!

56

Daiten ist ein Priester, der die Kunst des stillen Atmens meisterte.
Ich traf ihn oft in seinem Tempel und genoss unsere Gespräche.
Einmal wurden wir in Kyôto getrennt, und jeder folgte seinem einsamen Weg.
Seitdem hat mich keine Kunde mehr erreicht, wo er lebt und was er macht.

57

Shichisei ist ein alter Freund, der mit mir auf einem Bambuspferd ritt.
Unser gegenseitiger Respekt hat sich über die Jahre nicht verändert.
Heute ist er so arm wie damals, als er bloß mein Spielgefährte war.
Tapfer hat er dennoch die Ehre seiner Familie erhalten.

58

Langwährende Freundschaft kann kaum in Vergessenheit geraten.
Auf meinen Stock gestützt,
besuche ich meinen Freund Chikkyû in seinem ländlichen Heim.
Inmitten von grünstem Laubwerk und rauchigem Regen des feuchten Sommers,
steht eine große Päonie bereit, in Flammen tiefsten Scharlachrots aufzulodern.

59 *Für Chikkyû bei seinem Besuch*

Hör die Zikaden den Wasserfällen singen, mein Freund!
Schau, wie die Regenschauer der Nacht die Welt reingewaschen haben.
Obwohl ich keine guten Sachen auf meinem Küchentisch habe,
kann ich dich, wenn du magst, mit einem Fenster voll gesunder Luft bewirten.

60 *An Suzuki Chinzô, nach der Rückkehr von einer Reise*

Ich bin gerade zurück von meinen Reisen in entlegene Provinzen.
Alle neunzig Herbsttage sind vorbei, erschöpft verschließt sich der Himmel.
Sollte jemand genau wissen wollen, wie weit ich ging,
so will ich ihm durch die Schwielen an meinen Fußsohlen antworten.

61 *Ein abendlicher Besuch in Jakusais Hütte*

Mein Zuhause zerstört, meine Familie verstreut, so verließ ich meine Heimat.
Seitdem streifte ich von Süd nach Nord und von Nord nach Süd allein umher.
Heute Abend wandere ich im Nieselregen wieder einen Dorfpfad entlang
und schwinge meinen Gehstock, bloß um dich besuchen zu kommen.

62 *Antwort an einen Freund*

Mit einer flackernden Kerze in der Hand, setze ich mich eines Nachts mit dir hin.
Das stürmische Fenster bleibt heute ruhig, sanft fliegt Schnee umher.
Wir fühlen uns beide erleichtert, und unsere Herzen sind im Einklang.
Keinen von uns schert, was in dieser Welt als richtig und falsch gilt.

63 *An die Nonne Ikei in Edo am 25. des zwölften Monats*

Auf der Suche nach den erstaunlichsten und vollständigen heiligen Texten
hast du dein Zuhause verlassen und dich inmitten von Fremden abgerackert.
Jetzt, wo ich dich getroffen habe, fehlen mir die Worte, dich zu trösten.
Bei diesem bitterkalten Wetter achte gut auf dich!

64 *Dem Herrn eines Hauses*

Seit ich hier war, habe ich ein paar Gedichte verfasst.
Sie sind nur grob skizziert, weil mir das Geld fehlt.
Ich möchte schöne Kopien davon fertigen und sie nach Shibi senden.
Guter Mann, lasst mich von Euch Papier und Pinsel erbitten!

65

Hôsai ist wirklich außergewöhnlich und mit dem Geist des Mutes gewappnet.
Aus Gründen, die mir unverständlich sind, ist er hier hinaus gewandert.
Gestern traf ich ihn inmitten des Marktplatzgetümmels in der Stadt.
Mit verknoteten Händen schütteten wir uns aus vor Lachen.

66 *An die Priester Jizen und Nisen zum Besuch in meiner Hütte*

Meine Einsiedelei liegt an den Ausläufern des Berges Kugami.
Macht ein Fenster auf, und schon habt ihr ganze Gebirgszüge vor Augen!
Wenn ihr die gedämpfte Einsamkeit dieses Ortes mögt,
bitte ich euch, immer und immer wieder mein behütetes Tor zu besuchen.

67 *Ein Abstecher zu Sekizaemon,*
nach dem Besuch des Teehauses von Kuma no Mori

Seit Jahren kenne ich dich als geschätzten Trinkkumpanen.
Wie oft schon haben wir uns die Tassen gefüllt!
Heute habe ich dich gesucht, aber an der Feuerstelle vermisst.
Braune Blätter tanzen herab, um meine trübe Sicht zu verspotten.

68 *Aus dem Stegreif*

Seit Stunden sitze ich dir gegenüber, doch du bleibst stumm.
Dein Sinn, der größer ist als Worte, richtet sich an mich.
Bücher liegen offen, von ihren Hüllen befreit, ums Bett verstreut.
Jenseits dieses Bambuswandschirms fällt Regen auf den Aprikosenbaum.

69 *Mit meinem Freund unter dem Mond spazieren gehen*

In dieser Frühlingsnacht scheint der Mond durch silbrigen Dunst.
Hand in Hand gehen du und ich bummelnd spazieren.
Unser leisestes Flüstern muss sie in ihrer Ruhe gestört haben:
Gemeinsam flattern Enten mit ihren leichten Flügeln davon.

70

Ein einzelner Glücksfall schmückte meine Tasche mit einer Kupfermünze.
Darum habe ich deine Gegenwart gesucht, mein schlafender Drache.
Obwohl ich schon lange daran dachte, mit dir einen zu heben,
hatte ich bisher nicht das Glück, eine Münze in meiner Tasche zu finden.

71

Ein Blütenchaos auf der Erde, erreichen mich Teile von Vogelliedern.
Gerade habe ich die Türen meiner Hütte geöffnet,
  um Euch willkommen zu heißen.
Die untergehende Sonne verweilt in sanftem Wind auf bemoostem Grund.
Das Kinn in die Hände gestützt, reimen wir jenseits von Zeit und Raum.

72

Bei der Ewigen Brücke ragt ein prachtvoller Tempel gen Himmel.
In seinen Hallen kommen Priester der Predigt von Felsen und Flüssen gleich.
Gern will ich meine Brauen für meine Brüder opfern,
doch fürchte ich, damit nur den Krieg anzuheizen,
  der schon wuchert wie Unkraut.

73

Auf einem Hügel hinter dem Entsû-Tempel liegt ein schattiger Wald.
Um die Sonne zu meiden, saß ich eines Tages dort und betrank mich mit dir.
Wir leerten unser Fass bis auf den letzten Tropfen, bevor wir Verse dichteten.
So geschützt saßen wir da, bis die Abendglocke den Tag beschloss.

74 *Aus Protest gegen das Alkoholverbot des Priesters Shakuan im Tempel Entsû*

Sieben Mal lernte ich auf meiner siebenjährigen Wanderschaft den Frost kennen.
Mein früheres Stundenglas ist leblos, sein Wasser verdunstet.
Wer erbarmt sich der dreißig durstigen Seelen unter dem Dach?
Nach meiner frommen Verbeugung
  sehne ich mich nach den alten Zeiten ohne Alkoholverbot.

75 *Auf meiner Wanderschaft einen Kuckuck vernehmend*

Der Lenz ist da, doch ich habe keinen Ort, an den ich zurückkehren könnte.
Allein der Kuckuck ruft mir zu, als könnte er mich nach Hause kuckuhen.
So lange wir leben, lauert überall Gefahr.
Wann werde ich Frieden in meiner Heimat finden?

76

Am Ende einer mit schwarzen Häusern gesäumten Straße
sang ich einst mit einer armen, altersschwachen Frau heilige Lieder.
Meine Freunde, tadelt mich nicht dafür, mich so befleckt zu haben.
Wie viele Nächte noch werden mir wohl hier auf Erden verbleiben?

77

In meinem Haus schätze ich die Gedichte Kanzans
mehr als heilige Sutren und all ihre Kommentare.
Mit dem Pinsel in der Hand kopiere ich sie auf meinen Wandschirm am Bett,
sinne manchmal über sie nach und erquicke mich an jedem Vers.

78 *Buddhas Rückkehr auf die Welt*

Dies ist der Weg, den er bei seiner Flucht aus der Welt nahm.
Dies ist der Weg, den er bei seiner Rückkehr auf die Welt beschritt.
Im Kommen und im Gehen sollten wir auf dieser heiligen Straße wandern,
durchs Leben und durch den Tod,
  auf jeder Seite der Glanz falscher Blumen.

79

Der betagte Priester Nansen, mit seinem bohrend scharfen Verstand,
bummelt scheinbar launig um seinen Tempel herum.
Er vermischt ein paar Tränen mit Katzenblut,
und schon erstrahlt in Chiyô ein wunderbarer Frühlingsmorgen.

80 *Beim Anblick eines Bildes von Kôchi Hôin*

Auf einen uralten Wanderstock gestützt,
  vom Nachtregen bis aufs Mark verschlissen,
in einem abgewetzten Umhang,
  dem sich lichtenden Schleier des Morgendunstes gleich,
steht ein betagter Mann, mit dem durchdringenden Blick,
sein wahres Selbst zu erkennen – ein Atemhauch in ewigen Kiefern.

81 *Ebisu und Daikoku*

Ich warf meinen goldenen Hammer beiseite und du deine Angel.
Einen einzigen Tag brachte uns ein Glücksfall zusammen,
weder du noch ich wussten sicher, was wir da taten.
Vielleicht machten wir das klar: Alt ist alt, neu ist neu.

82 *Bodhidharma*

Wie ein Spielzeug auf die Erde geworfen, verspottet mit lautem Hohngelächter,
doch sein wolkenloses Herz nicht einen Augenblick verhangen.
Lasst uns ebenso über die Grenzen irdischer Furcht hinweg fliegen
und in unserem Leben die Quelle unbegrenzter Freude finden!

83

Niemand vor ihm kam ihm gleich,
niemand nach ihm kann an seiner Seite stehen:
Bashô, oh, Bashô, du überragst sie alle,
und noch in tausend Jahren wirst du verehrt!

84 *An die treuen 47 Rônin*

Gezwungen, zwischen Leben und Tod zu wählen, haben sich viele getäuscht.
Nie zuvor kannte ich eine Gruppe wie die treuen siebenundvierzig Rônin.
Eins in Gedanken und eins im Handeln, haben sie die Heldentat vollbracht
und werden für immer als die Blume der Genroku-Ära verehrt.

85

Nichts ist vornehmer als der weiße Fächer vor mir.
Wäre er nur ein bisschen bemalt, verlöre er an Wert.
Seine blanke Fläche ist so voller Bedeutung, man kann alles
vollständig in ihr gespiegelt sehen, die Blumen, den Mond, die hohen Türme.

86

Mit einem Korb in den Händen suche ich nach Pilzen in den Wäldern,
mit einem Eimer in der Hand schöpfe ich Wasser aus einer steinigen Quelle.
Wer kann sich wirklich mit so einer Lebensweise begnügen,
ohne sich als vollkommen verloren in der Welt erkannt zu haben?

87

Meine Klause ist nach den Fünf Schalen Reis benannt.
Mein Zimmer ist nackt, wie man so sagt, bis auf den Gong.
Tausend Zedern stehen vor meinem Fenster beisammen.
Ein paar Lobgedichte an meinen Retter hängen an der Wand.
Ein Eisentopf, mein Reiskocher, hat ein bisschen Küchenstaub angesetzt.
Mein hohler Ofen wird selten von Kochfeuer erwärmt.
Doch in einem Dorf im Osten habe ich einen alten Mann zum Freund.
Unter dem leuchtenden Mond klopft er oft an meine Tür.

88

Meine Hütte liegt verborgen in den tiefsten Nischen des Waldes.
Jedes Jahr wachsen die Efeureben länger als im Jahr zuvor.
Von den Geschäften der Welt ungestört, lebe ich entspannt.
Selten erreicht mich der Gesang der Förster zwischen den Bäumen.
Wenn die Sonne am Himmel steht, flicke ich meine zerrissene Kleidung.
Im Angesicht des Mondes lese ich mir laut heilige Texte vor.
Lasst mich ein Wort an die Anhänger meines Glaubens richten:
Um die Fülle des Lebens zu genießen, braucht ihr nicht viel!

89

Mein Gehstock und meine Strohsandalen haben mich herausgelockt,
um in diesem morastigen Dorf eine Frühlingsbrise aus dem Osten zu genießen.
Laubsänger hocken nun im Gebüsch und lernen ihre Lieder.
Schneestreifen liegen auf den Hecken, doch die Gräser sprießen schon.
Auf dem Weg traf ich einen Freund, und wir sprachen über bedeutende Themen.
In seinem Haus öffneten wir Bücher,
   stützten den Kopf in die Hände und dachten nach.
Ein vollkommener Abend, Lichter und Winde in stiller Harmonie.
Ein Pflaumenbaum atmete süße Inspiration in mein seliges Herz.

90

Ich besitze einen alten Gehstock, um mein Gewicht damit zu stützen.
Von wem er stammt und welche Geschichte er hat, weiß ich nicht.
Nach langem Gebrauch ist Schicht für Schicht seine Rinde abgefallen,
doch der unzerstörbare Holzkern erhält seinen Glanz.
Oft habe ich mit diesem Stock eine Furt durchquert und meinen Weg ertastet,
und mich häufig auf meinen Wanderungen damit vor Unheil bewahrt.
Dieser Stock lehnt nun absichtslos an einer sonnigen Mauer,
und sein Dienst wurde länger missachtet als ich denken kann.

91

Meile um Meile wanderte ich umher, bis ich auf ein Bauernhaus stieß.
Der glühende Ball der Sonne verschwand langsam hinter einem Wald.
Sperlinge hatten sich um ein Bambusdickicht versammelt,
und bei Einbruch der Dunkelheit flogen sie alle
  in einem lärmendem Schwarm davon.
Ein Bauer kam von seiner Arbeit auf den Feldern zurück,
und kaum, dass er mich gesehen hatte, grüßte er mich wie einen Freund.
Er bat seine Frau, zu meiner Begrüßung den trüben Wein zu sieben,
und mit seinem Feldgemüse lud er mich zu einem Festmahl ein.
Wir setzten uns um einen Tisch, um auf unsere Gesundheit anzustoßen.
Unsere Unterhaltung in dieser Nacht war jenseits alles Weltlichen.
Wir tranken, bis wir beide beschwipst waren, und in unserer heiteren Stimmung
konnte keiner von uns mehr sicher wissen,
  was gut und was schlecht war auf dieser Erde.

92

Zu schwach, um meinen eigenen Lebensunterhalt zu verdienen,
habe ich die Dinge sich einfach zum Guten oder Schlechten formen lassen.
In meinem Bettelbeutel habe ich bloß drei Handvoll Reis,
an meiner Feuerstelle ein Bündel trockener Zweige, um mich warm zu halten.
Ich kümmere mich nicht um den feinen Unterschied zwischen wahr und falsch.
Den Staub weltlichen Ruhms und Reichtums suche ich nicht zu erlangen.
In einer feuchtkalten Nacht, geschützt vom Dach meiner Grashütte,
strecke ich beide Beine aus, und mein Gewissen ist vollkommen rein.

93

Meine sture Dummheit ist von solcher Art, dass ich mit keinem leben kann.
Befreundet mit Bäumen und Kräutern verbringe ich meine letzten Jahre.
Ich bin zu faul, den Unterschied zwischen richtig und falsch zu lernen,
lache über mein altes Selbst und schere mich nicht um das Gerede anderer.
Ich erhebe meine knochigen Schenkel
  und durchquere mit Leichtigkeit einen Fluss.
Einen Beutel in der Hand, wandere ich umher, gesegnet vom Frühlingswetter.
Dies ist meine Lebensweise, und doch entbehrt sie nicht dem Nötigsten.
Nicht ein einziges Mal habe ich verschrobenen Hass auf die Welt gehegt.

94

Nichts als Lumpen ist das Gewand auf meinem Rücken,
und was außer Lumpen ist von meinem Leben nun im Alter übrig?
Ich sitze auf einem Stein am Wegesrand und verzehre eine Essensspende.
Schon lange habe ich mein Haus dem wuchernden Unkraut überlassen.
In einer mondhellen Nacht singe ich Verse für meine eigenen Ohren.
Von Blumen in die Irre geführt, streife ich selbstvergessen umher.
Seit ich den Tempel verließ, wo ich einst ein Suchender war,
bin ich durch eigene schiere Dummheit
　in diesen ärmlichen Zustand versunken.

95

Frei von fleischlicher Begierde, finde ich Freude an allen Dingen.
Nichts ist zu groß, um eines Menschen Sehnsucht zu befriedigen,
wenn er einmal erwacht ist.
Wildes Gemüse genügt völlig, um meinen Hunger zu stillen.
Der Umhang auf meinem Fleisch schützt mich vor der Kälte.
Ich streife allein umher, und Hirsche leisten mir Gesellschaft.
Laut singe ich zu mir selbst, und Kinder antworten mir im Einklang.
An einem moosbedeckten Felsen finde ich eine klare Quelle,
um mir die Ohren zu waschen.
Auf dem Bergkamm besänftigen hohe Kiefern meine Wehmut.

96

Ich denke an die Vergangenheit, doch sie ist unwiderruflich vorbei.
Ich versuche es mit der Gegenwart, doch sie bleibt nie hier für mich.
Sanft gleitet die Zeit davon, ohne eine Spur zu hinterlassen.
Wer könnte in diesem steten Fluss der Zeit weise oder töricht sein?
Ich lebe von Tag zu Tag und nehme still mein Schicksal an,
erhalte mich am Leben und warte, bis ich von der Zeit befreit werde.
Nachdem ich lange umhergewandert war, kam ich zu dieser Hütte,
und wie ich so zurückschaue, ist das schon zwanzig Jahre her.

97

So oft in meiner Jugend habe ich mich lange in Zazen gesetzt
und hoffte, durch Übung die Kunst des stillen Atmens zu meistern.
Mit dieser Übung verbrachte ich viele Jahre im Frost und unter Sternen,
bis ich meinen Schlaf und meine Mahlzeiten vergaß.
Die Tugend, meinen Geistesfrieden zu nähren, die ich nun in mir habe,
verdanke ich der strengen Disziplin meiner Jugend.
Doch wer bin ich, so zu reden, mangelt es mir doch an der kunstlosen Kunst,
in der alles auf einmal begriffen wird, um einem für immer zu gehören.

98 *Unterhaltung im Traum*

Auf meinem Bettelgang kam ich in eine florierende Stadt
und traf auf einen alten Mann mit Brauen von tiefer Weisheit.
Er hielt mich an und fragte: „Warum, Ehrwürdiger,
lebt Ihr so abgeschieden auf diesem Hügel unter weißen Wolken?“
Ich wollte im Gegenzug wissen: „Warum, mein lieber Meister,
habt Ihr Euer Leben im Tumult dieser Stadt verbracht?“
Wir suchten beide vergeblich nach passenden Worten,
doch mit dem Schlagen der Morgenglocke war mein Traum zu Ende.

99

Die Ernte ist eingebracht, das Feld den lauten Grillen überlassen.
Strohhaufen sind in Brand gesetzt, das kleine Dorf in Rauch gehüllt.
Feuerstellen leuchten, die Farmer verbringen ihre langen Abende
mit dem Flechten von Strohmatten,
schon jetzt bereit für den kommenden Frühling.
Die ganze Familie sitzt zusammen und plappert und lacht.
Keiner öffnet seinen Mund, um zu lügen oder seine Ansicht zu verteidigen.
Ganz anders als diese Farmer sind die Stadtbewohner:
Sie müssen ihre Knie beugen und flehen, um ihre Begierden abzuwehren.

100

Unweit meiner Geburtsstadt gab es ein Mädchen,
die als die feinste Blüte am Ort galt.
Jeden Morgen umwarb sie ein junger Mann aus dem Dorf im Osten,
jeden Abend ein vornehmer Bursche aus dem Dorf im Westen.
Wieder und wieder schrieben sie ihr Briefe mit honigsüßen Worten
und sandten Geschenke von unschätzbarem Wert.
So vergingen viele Winter voller Frost und Schnee,
ohne dass das Mädchen sich für einen Mann entscheiden konnte.
Sie konnte nicht einen vorziehen, ohne den anderen zu bekümmern,
sie konnte auch nicht beide lieben, ohne ihre Ehre zu verletzen.
Eines Tages stürzte sie sich schließlich in eine bodenlose Schlucht.
Was für ein bitteres Schicksal, dass sie so beide Jungen abweisen musste.

101

Als ich noch ein Knabe war, trieb ich mich in der Stadt herum
und suchte in den Vergnügungsvierteln meinen Spaß.
Ich warf mich in Schale mit einer weichen Daunenweste,
und oft bestieg ich ein braunes Pferd mit schneeweißem Gesicht.
Morgens ritt ich nach Shinpô, um mich zu vergnügen,
abends genoss ich den Anblick der Pfirsichblüten in Kayô.
Spät kehrte ich zurück, ohne mich auch nur um meine Schlafstatt zu sorgen.
Darauf angesprochen, wand ich mich lächelnd einem ruchlosen Haus zu.

102

Priester Senkei ist ein Heiliger, der nach geheimnisvoller Wahrheit sucht.
Stumm verrichtet er seine Arbeit, seine Lippen sind versiegelt.
Dreißig Jahre übte er sich unter Priester Kokusen,
doch saß er weder in einem Tempel, noch las er heilige Texte,
nicht einmal ein Wort des Gebetes war aus seinem Munde zu vernehmen.
Er zog Gemüse und verschenkte es an die Dorfbewohner.
Ich sah ihn nur einmal, aber nie in seinem wahren Selbst,
traf ihn einmal, ohne ihn wirklich kennenzulernen.
Nun sehne ich mich nach ihm und hoffe, es ihm
  auf meine bescheidene Weise gleichtun zu können.
Priester Senkei ist ein Heiliger, der nach geheimnisvoller Wahrheit sucht.

103 *Für Meister Shiyô, meinen ehemaligen Lehrer*

Am Fuß eines rauen Berges liegt ein alter Grabstein.
Drumherum wuchert Unkraut, Jahr für Jahr höher und dichter.
Kein Verwandter ist mehr da, um Wasser auf die versiegelte Urne zu spritzen.
Nur Holzfäller kommen vorbei und werfen ein kaltes Auge darauf.
Einst war ich sein Schüler, als mein Haar noch lang herabhing.
Ich folgte ihm und spielte mit ihm beim schmalen Fluss.
Eines Morgens nahm ich Abschied und betrat meinen einsamen Pfad,
und Jahre vergingen, die wir beide in tiefer Stille verbrachten.
Heute kehrte ich zurück und fand ihn in diesem Grab liegen.
Ach, wie könnte ich mit rechtem Respekt seine verschiedene Seele ehren?
Ich verspritze eine Handvoll heiligen Wassers über seinem Stein
und bete aufrichtig für seinen Seelenfrieden im Jenseits.
Unterdessen verschwand die Sonne hinter einem Hügel
und ließ mich inmitten des heulenden Getöses dunkler Kiefern zurück.
Oft ging ich fort, nur um denselben Weg zurückzugehen,
bis am Ende meine Ärmel von meinen eigenen Tränen durchtränkt waren.

104

Worte sprudeln aus deinem Mund, wenn sich deine Lippen bewegen,
Deine Arme bewegen sich nur langsam, sei achtsam, wenn du sie gebrauchst.
Oft willst du mit deinen wohl vorbereiteten Reden nur verbergen,
was deine faulen Arme noch nicht vollbracht haben.
Je mehr du an deiner Rede feilst, desto mehr verdirbst du deine Arbeit.
Je mehr Worte du ausschenkst, desto größere Übel forderst du heraus.
Lasst uns nicht die Dummheit begehen, Feuer mit Öl zu bekämpfen,
denn wenn es auch für einen Moment abkühlt, wird es schon bald explodieren.

105

Strebe nicht nach diesem und jenem auf deiner wahnwitzigen Suche.
In tiefer Verschwiegenheit verschließe deine Lippen und tue deine Arbeit.
Fülle deinen Mund nicht, solange der Hunger nicht in deinem Magen rumort.
Klappere nicht mit den Zähnen, ehe du völlig erwacht und achtsam bist.
Seit ich vom Leben Hakuyûs* Kenntnis erlangte
weiß ich, wie ich mich in dieser Welt erhalten kann.
Meistere deinen Atem, damit deine Lebensgeister sich kräftigen.
So kann nichts Übles von außen in dein Herz dringen.

* Hakuyû (1646–1709), eigentlich Ishikawa Jishun, war ein Einsiedler in Kyôtos Shirakawa-Distrikt und praktizierte nach Laotse und dem Diamant-Sutra. Der bekannte Zen-Meister Hakuin Ekaku erzählte, wie er von Hakuyû Methoden erlernte, eine Art Nervenzusammenbruch infolge der Meditation zu überwinden.

106

Irrige Täuschung und wahres Erwachen erhalten einander.
Offensichtliche Ursachen und verborgene Gründe verschmelzen in eins.
Von morgens bis abends lese ich in der Stille meinen wortlosen Text,
und bis zum Morgengrauen widme ich mich gedankenloser Meditation.
Aus windbeseelten Weiden pfeift mir die Nachtigall zu.
Hunde bellen, wie zur Warnung, aus dem fernen mondhellen Dorf.
Kein Gesetz kann die Wogen des Gefühls begrenzen, die mich erfüllen.
Wie kann ich der Nachwelt dieses übervolle Herz vermachen?

107

In seiner Unschuld ist der Geist wie Wasser, rein und strahlend.
Grenzenlos stellt er sich dem Anblick seines Besitzers dar.
Doch wenn eine stolze Begierde entsteht, ist sein Friede gestört
und Millionen kruder Gedanken und Bilder lassen ihn versumpfen.
Wenn du diese Fantasien für wirklich hältst,
werden sie dich immer weiter von der Geistesstille fortführen.
Es schmerzt mich, wenn ein Mensch an irdischen Gedanken verrückt
und von den Stricken der zehn Versuchungen gefesselt wird.

108

Ein einsamer Kranich durchkreuzt erhaben den grenzenlosen Himmel.
Wilde Spatzen schwärmen in sonnige Hecken mit ihrer lauten Schar.
Gehörnte Drachen verbergen sich in bodenlosen Strudeln.
Verspielte Affen flitzen in hohen Baumspitzen umher.
Alles Lebende, ob groß oder klein, hat seinen eigenen Platz,
gemäß seiner Natur verweilt es oder zieht umher.
Lade einen Albatros zum üppigen Festmahl eines Menschen ein –
auch wenn er es köstlich findet, wird es ihn nie recht befriedigen.

109

In dieser Welt wird Schönheit von abstoßender Hässlichkeit begleitet.
Wahrheit existiert nicht ohne ihr Gegenteil Falschheit.
Weisheit und Torheit entstammen derselben unbekannten Quelle.
Blinde Täuschung und Erwachen spazieren Seite an Seite.
Seit ewigen Zeiten ist das so, wie ich es hier sage,
und ihr habt das sicher schon lange vor mir erkannt.
Etwas als falsch zu verwerfen und anderes als richtig anzunehmen,
bedeutet lediglich, sich einem funkelnden Traum hinzugeben.
Wer sich einmal dem tiefgründigen Mysterium dieser Worte verpflichtet hat,
wie könnte der sich noch dem steten Wandel von Richtig und Falsch ergeben?

110 *Aus Respekt für die Totenschädel, die ich auf eine Rolle malte*

Was aus einer Ursache geboren wird, das stirbt, wenn die Ursache schwindet.
Ursache ist an Ursache gebunden wie in einer Kette.
Was ist aber mit der allerersten Ursache, konnte sie grundlos entstehen?
Ich dachte lange darüber nach, fand aber keine Antwort in mir.
Dann brachte ich diese traurige Angelegenheit vor eine Frau im Osten,
doch sie war darüber mehr als verärgert.
Dann suchte ich die Hütte eines Mannes im Westen auf,
der aber nur ratlos die Stirn runzelte und sich abwandte.
Ich schrieb meine Frage auf einen Reiskuchen und warf ihn vor einen Hund,
doch siehe da, auch der Hund nahm die Sache nicht an!
Da wurde mir die unheilvolle Natur meiner verwirrenden Worte klar.
Ich rollte Leben und Tod zu einem Kügelchen
und gab es den Skeletten, die im Moor lagen.
Da erhoben sie sich alle auf einmal wie in Ekstase
und fingen an, herzhaft zu singen und für mich zu tanzen.
Ihre Lieder hallten in allen drei Zeiten wider
und ihr Tanz vereinte die drei Phasen des Lebens.

111

Um Worte der Wahrheit zu hören, musst du erst deine Ohren waschen,
sonst wirst du dich nicht an das Gehörte halten.
Du fragst, was ich mit dem Waschen der Ohren meine.
Es bedeutet, alles loszuwerden, was du zuvor gehört hast.
Verbleibt auch nur ein Wort des zuvor Gelernten in dir,
wirst du die entscheidenden Worte verpassen, wenn sie dich erreichen.
Aufgrund deines angesammelten Wissens mag eine Lüge annehmbar erscheinen,
doch eine einfache Wahrheit fremd und falsch in deinen Ohren klingen.
Ach! Wie oft fällen wir in unserem Herzen ein Urteil,
wenn die Wahrheit an einem Ort jenseits unserer Vorstellung liegt.
Was soll das nur, einen Stein für einen Moment im Wasser zu verbergen,
wo wir doch wissen, dass er sich zur rechten Zeit zeigen wird?

112

In meiner Hütte habe ich eine Katze und eine Maus.
Sie sind Feinde, obwohl sie beide zur haarigen Sorte zählen.
Die Katze ist fett und schläft gemütlich in der Sonne.
Die Maus ist abgemagert und geht des Nachts auf Beutezug.
Vom Glück gesegnet, vermag die Katze
zahlreichen Lebewesen aufzulauern und sie zu fangen.
Die Maus ist zu ihrem Elend verdammt, weil sie die Angewohnheit hat,
in Häuser einzudringen und geschätztes Geschirr zu zerbrechen.
Zerbrochene Gefäße können jedoch für wenig Geld ersetzt werden.
Belebte Dinge hingegen kann man nicht ins Leben zurückbringen.
Wenn man also die fette Katze mit der Maus vergleicht,
dann verrät dieser Unterschied schon die Schwere ihres Verbrechens.

113 *Lob des Konfuzius*

Außerordentlich!
Einen Augenblick ist er vor mir, im nächsten schon hinter mir,
sein Wissen ist die Frucht jahrelanger Disziplin.
Sein Gesicht lächelt, seine Haltung ist bescheiden und respektvoll.
Zu seiner Zeit kam ihm schon keiner gleich, und auch danach nicht.
In der Stadt Takkô verdammte man ihn mangels praktischer Talente.
Shiro war zurückhaltend, als er ihn erklären sollte.
Großer Konfuzius, ach, großer Konfuzius, das alles nur,
weil du einsame Spitze warst!
Unter deinen Schülern gab es ein paar Narren, die dich abschätzen wollten,
doch keiner von ihnen reichte an dich heran.

114 *Lob des Kanzan und Jittoku*

Jittoku hält einen Bambusbesen in der Hand,
mit dem er seinen Kopf fegt,
auf dem sich seit ewigen Zeiten der Staub sammelte.
Kanzan hat einen heiligen Text zum Lesen vor sich,
doch wird sein Herz nie davon befriedigt sein.
Zu ihrer Zeit – genau wie heute – fragte keiner sie um Rat.
Sie lebten auf den Klippen von Tendai, nutzlos wie Unverkäufliches.
Was kann ich nun tun, um ihnen noch zu Ehren zu verhelfen,
außer auszuharren wie sie, bis Miroku* kommt, um uns zu richten?

* Japanisch für den Buddha der Zukunft, Maitreya.

115 *Für Hachisuke, einen Unberührbaren*

Gold und Silber, Zaster und Rang, verschwinden alle wie ein Traumbild.
Gewinn und Verlust, Überdruss und Mangel entbehren jeder Bedeutung.
Hohes wie Niedriges, Heiliges wie Weltliches sind gezwungen,
gemäß der folgenschweren Kette des Karma zu entstehen und zu vergehen.
Dieser Mann war verdammt, Dreck unter der Ryôgoku-Brücke zu schmecken.
Eines Tages warf er sich in den Strom, um sich über die Zeit zu erheben.
Sollte mich jemand fragen, wo er abgeblieben ist, dann antworte ich:
Dort in der glänzenden Scheibe im Fluss – ein Bewohner des Mondes.

116

Schau dir diesen Prediger an, wie er die heiligen Sutren darlegt:
Selbst ein Fluss fließt nicht so schnell wie seine Worte.
Was die Fünf Mystischen Stufen und Acht Seligen Methoden angeht,
so übertrifft niemand seine Kommentare an Beredsamkeit.
Er sieht sich selbst als Gelehrten, der in allem Weisheit erlangt hat,
und die Welt hat keinen Einwand gegen seinen selbstverliehenen Titel.
Befragt ihn einfach mal nach dem großen Geheimnis unseres Lebens:
Nicht ein einziges passendes Wort wird seinem stummen Maul entströmen.

117

Ein Weiser versteht das Mysterium seines Daseins in einem Augenblick
und springt mit einem Satz jenseits der leeren Phänomene dieser Welt.
Ein Narr dagegen hält stur an Fakten und Einzelheiten fest,
ertränkt sich in feinen Unterschieden von Worten und Zeilen,
beneidet andere um ihr höchstes Erlangen und versucht bei Tag und Nacht
vergebens, diese auf seine Weise zu übertreffen.
Wenn man die Wahrheit so spaltet, wird sie zur Falschheit.
Doch wenn man Falschheit als solche erkennt, wird sie zur Wahrheit.
Wahrheit und Falschheit sind die Schneiden eines Doppelschwertes,
niemand kann mit Gewissheit die eine von der anderen trennen.
Ach! Zu viele Menschen wollen den Ozean mit einem Ruderboot ergründen.
Seit ewigen Zeiten sind das die Ursachen für endlose Täuschung.

118

Derart ist die Kraft der Wandelbarkeit, dass all unsere Leben vergehen,
in dieser Minute und in der nächsten, schneller, als einer vorhersagen kann.
Die rosigen Wangen der Jugend verblühen, egal wie wir sie preisen.
Das volle Haar eines Mannes ermattet, bis es dünn wie Saiten ist.
Die Jahre lasten auf deinem Rücken, bis die Knochen sich biegen wie ein Bogen.
Die Haut in deinem müden Gesicht wirft Falten wie die raue See.
Ein Geräusch wie von einer Zikade treibt dich die ganze Nacht um.
Blumen flattern den ganzen Tag in deinen Augen und blenden deinen Sinn.
Wenn du dich setzt oder erhebst, musst du einen langen Stoßseufzer rauslassen,
und wenn du läufst, musst du dich auf einen Stock stützen.
In deinen Träumen jagst du Erinnerungen an eine glückliche Jugend nach
und zählst verzweifelt das Elend deiner überreifen Jahre auf.
Wie sonst könnte ich den jämmerlichen Zustand eines alten Mannes beschreiben,
als ihn mit einem gebrochenen Zweig zu vergleichen, weggeworfen im Frost.
Und doch müssen wir da alle durch, eher, als wir es erwarten,
denn die Zeit verschont uns nicht, sind wir erst in schwaches Fleisch geboren.
Die Zeit kriecht voran, Minute um Minute, ohne einen Moment anzuhalten.

Wie lange können wir da unsere Jugend gegen die Zeit bewahren?
Die Elemente, die unser Fleisch bilden, erlahmen mit jedem Tag,
und des Nachts überzieht eine kranke Dumpfheit unseren Körper und Geist.
Eines Morgens wirst du viel zu schwach sein, um aufzustehen.
Viele Tage lang wirst du dann auf deinem Rücken liegen.
Die Lippen, die du einst benutzt hast, um andere beredt zu geißeln,
welchen Nutzen haben sie nun, da du in Stille schlafen musst?
Wenn erst dein Atem versagt und deinen Körper in trauriger Stumpfheit verlässt,
verlieren all deine Mittel zur Wahrnehmung ihre Tugend.
Deine Freunde und Verwandte werden dein Gesicht anschauen und trauern.
Deine eigene Familie wird jammern und mit den Händen über dich fahren.
Doch wie verzweifelt sie auch rufen, du kannst ihnen nicht antworten.
Wie laut sie auch weinen mögen, du kannst sie nicht mehr erkennen,
denn du bist bereits auf deinem Weg in die zeitlose Dunkelheit.
Diese einsame Reise musst du ganz allein bestreiten.

Japanische Verse

あげ巻の昔をしのぶすみれ草

agemaki no / mukashi o shinobu / sumire sō

süße erinnerung
an die kindheitsfrisur
veilchen in schönheit erstrahlt

あけ窓のむかしをしのぶすぐれ夢

ake mado no / mukashi o shinobu / sugure yume

offenes fenster
vergangenheit kehrt zurück
besser als ein traum

秋ひよりせむ羽すずめのはをとかな

秋日和千羽雀の羽音かな

aki hiyori / senba suzume no / haoto kana

klarer herbsthimmel
tausende spatzen
flügelschlagen

あきかぜに独り立ちたる姿かな

秋風にひとり立ちたる姿かな

aki kaze ni / hitori dachitaru / sugata kana

im herbstwind
alleinstehend
ein schatten

雨もりやまた寝るとこのさむさかな

amamori ya / mata nerutoko no / samusa kana

leckendes dach
mein bett wieder
nass und eisig

あめのふる日はあはれなり良寛坊

ame no furu / hi wa aware nari / Ryōkan bo

an regentagen
bedauert der mönch Ryôkan
sich selbst

新いけやかはずとびこむ音もなし

新池や蛙飛びこむ音もなし

araike ya / kawazu tobikomu / oto mo nashi

der neue teich
ein frosch hüpft rein
kein platsch

散る桜残る桜も散る桜

chiru sakura / nokoru sakura mo / chiru sakura

fallende kirschblüten
die verbleibenden
werden auch noch fallen

だれ聞けとま菰が原の行々子

dare kike to / makomo ga hara no / gyōgyōshi

ich bin ganz ohr
in wilden reisfeldern
das lied der nachtigall

萩すすき露のほるまでなかめはや

hagi susuki / tsuyu no boru made / nakame baya

klee und gras
will ich beobachten
bis sich tau bildet

初時雨名もなき山のおもしろき

hatsu shigure / na mo naki yama no / omoshiroki

erster nieselregen
ein berg ohne namen
wie angenehm

平生の身持ちにほしや風呂上がり

heizei no / mimochi ni hoshi ya / furo agari

hab mich noch nie
so gut gefühlt
nach ‘nem heißen bad

人の来てまたも頭巾をぬがせけり

hito no kite / mata mo zukin o / nugase keri

jemand ist
nochmal gekommen
ich nehm den hut ab

ほろ酔のあしもと軽し春のかぜ

horoyoi no / ashimoto karushi / haru no kaze

wie betrunken
ein leichter schritt vorwärts
im frühlingswind

いきせきと升りて来るや鰯うり

ikiseki to / noborite kuru ya / iwashi uri

schwitzend, keuchend
kommt hier herauf
der sardinenhändler

稲舟やさし行方や三日の月

inabune ya / sashiyuku kata ya / mikka no tsuki

reisbeladenes boot
fährt geradewegs
zur sichel des mondes

柿もぎのきん玉寒し秋の風

柿もぎの金玉寒し秋の風

kakimogi no / kintama samushi / aki no kaze

kaki sammeln
frierend im herbstwind
meine eier

かきつばた我れこの亭に酔ひにけり

kakitsubata / ware kono tei ni / yoini keri

irisblüte
an meine hütte gelehnt
machte mich trunken

こがねもていざ杖かはむさみつ坂

kogane mote / iza tsue kawan / Samizusaka

meine letzten groschen
jetzt für einen stock
berg Samizu

子らや子ら子らが手を取躑躅かな

koraya kora / kora ga te o toru / tsutsuji kana

los, kinder!
azaleen fordern
eure schändlichen hände

名月や庭のはせをとせいくらべ

meigetsu ya / niwa no bashō to / sei kurabe

bei vollmond
in meinem garten
messe ich mich an Bashô*

* Damit kann der Bananenbaum oder der bekannte Dichter Matsuo Bashô (1644–1694) gemeint sein.

なへみがくおとにまぎるる雨蛙

鍋みがく音にまぎるゝ雨蛙

nabe migaku / oto ni magiruru / amagaeru

töpfe schrubben
der krach wird eins
mit dem quaken der frösche

なつのよや>のみをかぞへてあかしけり

夏の夜や蚤を数へて明かしけり

natsu no yo ya / nomi o kazoete / akashikeri

sommernacht
alle meine flöhe zählend
bis zum morgengrauen

のっぽりと師走も知らず弥彦山

nopporì to / shiwasu mo shirazu / Yahiko yama

wie verwegen
ignoriert das jahresende
der berg Yahiko

ぬす人に取り残されし窓の月

nusubito ni / tori nokosareshi / mado no tsuki

leuchtendes fenster
der dieb ließ
den mond zurück

可惜虚空に馬を放ちけり

oshimubeshi / kokū ni uma o / hanachi keri

so traurig der anblick
einer verirrten stute
allein auf dem feld

留守の戸にひとり淋しき散り松葉

rusu no to ni / hitori sabishiki / chiri matsuba

traurig und einsam
vor einer verschlossenen tür
kiefernnadeln

さわぐ子のとる智慧はなしはつほたる

sawagu ko no / toru chie wa nashi / hatsu hotaru

schnatternde kinder
fangen nie
das erste glühwürmchen

青嵐吸物は白牡丹

seiran / suimono wa / shiro botan

sommerwind
bringt eine päonie
in meine suppe

そめいろのをとつれつげよよるのかり

蘇迷盧の音信告げよ夜の雁

Someiro no / otozure tsugeyo / yoru no kari

über *Someiro**
erzähl mir alles was du weißt
wildgans am abend

* Der Berg Sumeru steht hier fürs Jenseits.

すまでらのむかしを問へばやまざくら

Sumadera no / mukashi o toeba / yamazakura

befrage zur geschichte
des Suma-tempels
die wilden kirschbäume

たくほどはかぜがもてくるおちばかな

焚くほどは風もて来る落ち葉かな

takuhodo wa / kaze ga motekuru / ochiba kana

der wind bringt genug
herbstblätter
für mein feuer

手もたゆくあふぐ扇のおきどころ

te mota yuku / ōgu ōgi no / okidokoro

meine müde hand
sucht nach einem platz
für den fächer

うらばたけはにふのかきのやぶれから

urabatake / hanifu no kaki no / yabure kara

der nachbargarten
durch ein guckloch
in der lehmmauer

わが宿へつれて行きたし蓮に鳥

waga yado e / tsurete yukitashi / hasu ni tori

in meine hütte hoch
würd ich ihn gern bringen
den lotusvogel

われよびて故郷へ行や夜の雁

ware yobite / kokyō e yuku ya / yoru no kari

gänse rufen mich
fliege heim mit ihnen
in der nacht

山は花酒や酒やの杉ばやし

yama wa hana / sakeya sakeya no / sugibayashi

berge in voller blüte
ein einzelner schrei: *sake, sake!*
die wälder rufen mit

よしや寝むすまのうらわのなみまくら

yoshi ya nen / Suma no urawa no / nami makura

was für ein spaß!
an Sumas küste schlafen
mit wellen als kissen

よそはでもかほはしろいぞよめがきみ

yoso wa demo / kao wa shiroizo / yome ga kimi

ohne puder
das weiße deines gesichtes
braut

雪しろや古野にかかるつくずくし

yukishiru ya / furu ya ni kakaru / tsukuzukushi

schmelzender schnee
zeigt ein altes feld
wo schachtelhalm sprießt

Brief an Yamada Tokô in Yoita

Das Erdbeben war wirklich schlimm. Glücklicherweise wurde meine Hütte verschont und niemand aus meiner Familie getötet.

Wenn ich unangekündigt sterbe ...
Doch verschont, lebe ich weiter,
trauriger Zeuge von
unbeschreiblichem Leid.

Und doch, wenn es Zeit ist, dem Unheil zu begegnen, ist es besser, ihm ins Auge zu sehen. Wenn es Zeit ist zu sterben, ist es besser zu sterben. Dies selbst ist die wundervolle Methode, Unheil abzuwenden.

Ein paar Ratschläge (Listen)

I. Dinge, die mich stören:

Zu viel reden
Zu schnell reden
Laute Rede
Rohe Rede, wenn andere schon schlafen
Selbstgespräche
Überflüssige Bemerkungen
Blumige Rede
Menschen, die nicht dazulernen
Menschen mit zwei Gesichtern
Menschen, die unterbrechen, wenn andere noch reden
Unpassende Bemerkungen
Andere belehren, weil sie in Zorn geraten
Aus einer Mücke einen Elefanten machen
Über Dinge reden, die andere verschweigen wollen
Den Narren mimen
Schleimen

Antworten, ohne den anderen verstanden zu haben
Geschichten über körperliche Auseinandersetzungen
Politisches Gerede
Kinder beschwindeln
Kinder neunmalklug machen
Blödsinn reden
Wörter benutzen, die man nicht versteht
Wundergeschichten
Dinge betrauern, die man nicht ändern kann
Dauernd über Vergangenes jammern
Heimtücke
Angeben
An etwas festhalten, von dem man weiß, dass es nicht stimmt
Dauernd andere zurechtweisen
Sprechen, ohne sich zunächst der Gefühlslage des anderen bewusst zu sein
Wie ein Allwissender reden
Götter und Buddhas beiläufig abhandeln
Zu viele Anweisungen auf einmal geben
Entmutigende Bemerkungen
Keinen Rat annehmen

Anderen schmeicheln
Fälschlich andere tadeln
Billige Versprechen abgeben
Vulgäre Sprache
Gedankensprünge beim Reden
Hörensagen
Späße auf Kosten Blinder
Rohe Rede gegenüber Bettlern und Hausangestellten
Ein Geschenk ankündigen, bevor man es übergibt
Pedanten
Menschen, die Geliehenes nicht zurückgeben
Versprechen nicht einhalten
Sensible Themen auf unsensible Weise ansprechen
Menschen, die essen, wenn ein Fastender dabei ist
Menschen, die singen, wenn Trauernde in der Nähe sind
Menschen, die andere unsanft aufwecken
Menschen, die Betrunkene belehren
Menschen, deren Taten nicht ihren Worten entsprechen
Menschen, die in Rätseln reden
Menschen, die andauernd nach Anerkennung suchen

Die empfangenen Almosen diskutieren
Gähnen, wenn man das *Nembutsu** rezitiert
Gäste, die beim Essen pingelig sind
Geschichten über Einsiedler, die am Himmel fliegen und sich von Nebel ernähren
Übertriebenes Denken
Mit der eigenen Übertragungslinie angeben
Anmaßendes Gerede über Erleuchtung
Anmaßendes Gerede über Kunst
Vermutungen als wahr ausgeben
Mit den Händen reden
Mit dem Akzent anderer reden
Aufdringlichkeit
Übertriebene Vertrautheit
Auf andere herabsehen
Nur dankbar sein, wenn man materiell gut versorgt ist

* In einem Vers heißt es: „Wenn jemand später fragen sollte: ‚Hat Ryôkan ein Abschiedsgedicht hinterlassen?‘, dann antwortet nur: ‚*Namu Amida Butsu!*‘“

Kinder, die zu schnell groß werden
Dinge, die man zu weinenden Kindern sagt:
- Wer hat dir das angetan?
- Ertrage es!
- Wenn du nicht aufhörst, wird es morgen regnen!
- Wenn du nicht aufhörst, müssen wir den Doktor holen!

II. Dinge, zu denen ich mich selbst ermahne

Bringe den Buddhas Weihrauch und Blumen dar
Pflanze Bäume und Büsche, fege den Garten, hol Wasser, beseitige Steine
Wende von Zeit zu Zeit Moxa-Erwärmung auf deinen Beinen an
Iss keinen fetten Fisch
Iss nichts Öliges
Iss schlichte Nahrung
Iss nicht zu viel
Schlaf nicht zu lange
Tue nichts Ungehöriges
Sei nicht faul
Beende, was du anfängst
Sieh deinen Sorgen ins Gesicht
Trink den Reiswein heiß
Schere dein Haupthaar
Schneide deine Nägel
Halte Mund und Zähne sauber
Bade
Übe deine Stimme

III. Ratschläge aus Buddhas letzter Rede *(Yuikyôgyô)*

Hüte deine Zunge!
Beherrsche deinen Geist!*
Wisse um Scham!
Sei duldsam!
Lebe allein!
Iss maßvoll!

* Ein anderer Vers Ryôkans lautet: „Der Geist selbst ist der Geist, der den Geist in die Irre führt. Wenn du das Geist-Pferd reitest, zieh stets die Zügel an!“

Über das Üben mit einem Lehrer

Wenn du mit einem Lehrer übst, musst du zunächst sein Verständnis erfassen. Was bedeutet das? Wenn deine Auffassung sich von seiner unterscheidet, dann sollst du zunächst deine beiseite schieben und dich ganz darauf konzentrieren, die Weisheit des Lehrers zu durchdringen. Ist dein Verständnis erst mit seinem gleich, kannst du in Ruhe darüber nachdenken, wo seine Stärken und Schwächen liegen, wo er recht hat und wo er irrt. Wirf dann das Schwache weg und bekräftige das Starke. Wenn du so Schritt für Schritt vorgehst, wirst du Einsicht erlangen.

Zuneigung zur Nonne Teishin

Als Ryôkan kränker wurde, musste er den Berg Kugami verlassen. Er begab sich in eine Hütte auf dem Gut seines alten Freundes und Unterstützers Kimura Motouemon in Shimazaki. Dort begegnete er 1827 der Nonne Teishin, die sich fortan rührend um Ryôkan kümmerte und später die Gedichte, die sie mit ihm austauschte, in dem Band „Tautropfen auf dem Lotusblatt" *(Hachisu no tsuyu)* publizierte. Sie deuten eine zarte Liebesgeschichte an.

Auf dem Buddha-Pfad spielend,
wirst du nie müde, den Ball aufzudotzen.
Dies, nur dies –
der unerschöpfliche Dharma.

(Teishin)

Nun bist du dran:
Eins, zwei, drei, vier, fünf,
sechs, sieben, acht, neun, zehn –
und nach der Zehn fängst du von vorne an!

(Ryôkan)

Dein Herzgeist, der leuchtende Mond auf der Bergspitze,
verstrahlt ein klärendes Licht.
Doch der dünne Schleier meiner Zweifel
weilt noch unterhalb des Gipfels.

(Teishin)

Menschen wie du geben ihr Leben auf,
um andere zu retten.
Ich jedoch suche nur Frieden
in einer Strohhütte.

(Ryôkan)

Erwacht, ist da
weder Dunkelheit noch Licht.
Nur der Mond am Morgen
erleuchtet die Straße der Träume.

(Teishin)

Wertvoller als alle Juwelen
und alles Gold in der Welt
ist dein erster Besuch
im Frühling.

(Ryôkan)

Der Große Mann des Pflaumenhügels erspähte die Wahrheit in einem Satz,
und der bestialisch blinde Enô* beerbte seinen Meister.
Männer von erhabenem Geist, seid mutig und entschlossen
der Wahrheit verpflichtet, und tanzt nicht nach Ost und West wie eine Feder.

Sollte ich einen anderen Weg finden, der leichter als der zum Nirwana ist,
dann wüsste ich, wie schmutzig er in wolkenlosen Augen wirkt.

* Huineng (638–713), der sechste Patriarch des chinesischen Zen (Chan).

In der Reihe „Zen-Gedichte“ erschienen im Angkor Verlag bisher:

Band 1
Ko Un: *Zen-Gedichte, was'n das?* TB 9,90 € (Amazon), Kindle E-Book 0,99 €.

Band 2
Dôgen Zenji: *Sanshôdôei.* Kindle E-Book 2,99 €.

Band 3
Natsume Sôseki: *Haiku.* Kindle E-Book 2,99 €.

Band 4
Taneda Santôka: *Auch ich bin allein.* Kindle E-Book 2,99 €.

Band 5
Ozaki Hôsai: *Ich hüte das Buddha-Baby.* Kindle E-Book 2,99 €.